아빵

어린이 중국어
쓰기 노트

저 중국어공부기술연구소

2 Step

시사중국어사

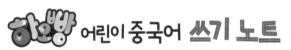 어린이 중국어 **쓰기 노트** ②Step

초판발행	2018년 03월 15일
1판 3쇄	2022년 02월 10일
저자	중국어공부기술연구소
책임 편집	최미진, 가석빈, 엄수연, 高霞
펴낸이	엄태상
디자인	김지연
콘텐츠 제작	김선웅, 김현이, 유일환
마케팅	이승욱, 왕성석, 노원준, 조인선, 조성민
경영기획	마정인, 조성근, 최성훈, 정다운, 김다미, 오희연
물류	정종진, 윤덕현, 양희은, 신승진
펴낸곳	시사중국어사(시사북스)
주소	서울시 종로구 자하문로 300 시사빌딩
주문 및 교재 문의	1588-1582
팩스	0502-989-9592
홈페이지	http://www.sisabooks.com
이메일	book_chinese@sisadream.com
등록일자	1988년 2월 13일
등록번호	제1 - 657호

ISBN 979-11-5720-103-7 64720
　　　979-11-5720-101-3 (set)

이 책의 활용

획순을 한 획씩 따라 쓰며 간체자, 병음 쓰기에 익숙해질 수 있어요.

하오빵 어린이 중국어 Step2 본문에서 배우는 새로운 한자들을 간체자와 번체자와 비교하며 한자 공부까지 한번에 익혀 보아요~

하오빵 어린이 중국어 Step2의 본문, 말하기에서 배우는 단어들을 직접 써 보며 단어도 익혀 보아요~

다양한 문제로 재미있게 앞에서 배운 단어들을 복습해요. 절취선을 잘라서 활동지나 과제용으로 사용할 수 있어요.

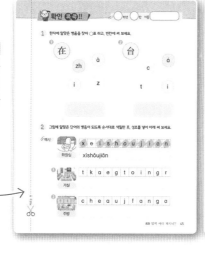

앞에서 배운 단어들로 중요 문장을 써 보며 문장도 복습해 보아요~

각 과별 단어들이 알아보기 편하게 정리되어 있어요.

병음 A, B, C 순으로 단어들이 찾기 쉽게 되어 있어요.

차례

1과 你吃什么?
Nǐ chī shénme? 너는 뭐 먹니?

획순을 따라 간체자와 병음을 예쁘게 써 보세요.

吃
chī
먹다

吃　먹을 흘
　　말 더듬을 흘

획순 吃吃吃吃吃吃

chī　chī

汉
hàn
한수, 사나이, 한나라

漢　한수 한

획순 汉汉汉汉汉

hàn　hàn

堡
bǎo
보루, 작은 성

堡　작은 성 보

획순 堡堡堡堡堡堡堡堡堡堡堡

bǎo　bǎo

包
bāo
싸다, 보따리

包　쌀 포

획순 包包包包包

bāo　bāo

喝
hē
마시다

喝 꾸짖을 갈
목이 멜 애

획순 喝 喝 喝 喝 喝 喝 喝 喝 喝 喝 喝 喝

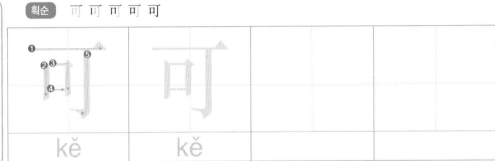

| hē | hē | | |

可
kě
~할 수 있다, ~할 만하다

可 옳을 가

획순 可 可 可 可 可

| kě | kě | | |

乐
lè / yuè
즐겁다, 기쁘다

樂 즐거울 락(낙)
노래 악

획순 乐 乐 乐 乐 乐

| lè / yuè | lè / yuè | | |

좀 더 연습해보세요.

 간체자로 중국어 단어를 쓰며, 큰 소리로 읽어 보세요.

💬 음성을 들으며 따라 읽어 보세요.

汉堡包
hànbǎobāo
햄버거

hànbǎobāo		
햄버거		

可乐
kělè
콜라

kělè		
콜라		

比萨饼
bǐsàbǐng
피자

bǐsàbǐng		
피자		

巧克力
qiǎokèlì
초콜릿

qiǎokèlì		
초콜릿		

冰淇淋

bīngqílín

아이스크림

冰	淇	淋	冰	淇	淋
bīngqílín					
아이스크림					

牛奶

niúnǎi

우유

牛	奶	牛	奶	牛	奶
niúnǎi					
우유					

橙汁

chéngzhī

오렌지 주스

橙	汁	橙	汁	橙	汁
chéngzhī					
오렌지 주스					

좀 더 연습해보세요.

1 빈칸에 들어갈 병음을 보기에서 찾아 한자에 알맞는 병음으로 완성하세요.

보기   c   ch   n   l

❶

吃

_____ī

❷

牛奶

___iú___ǎi

2 한자를 따라 쓰고 해당 병음을 찾아 연결한 후, 한자 아래 병음도 써 보세요.

❶

巧克力

qiǎo_____

❷

橙汁

_____

· kè

· zhī

· qiǎo

· chéng

· lì

3 병음을 보고 한자의 비어 있는 부분을 채워 한자를 완성해 보세요.

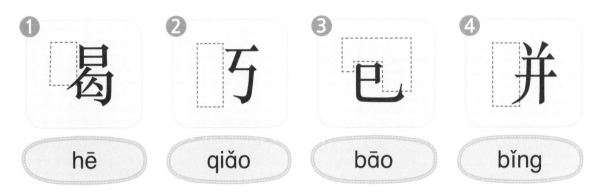

① 曷 hē

② 丂 qiǎo

③ 巴 bāo

④ 并 bǐng

4 그림에 해당하는 단어를 아래 보기에서 찾아 선으로 잇고, 그림 옆에 써 보세요.

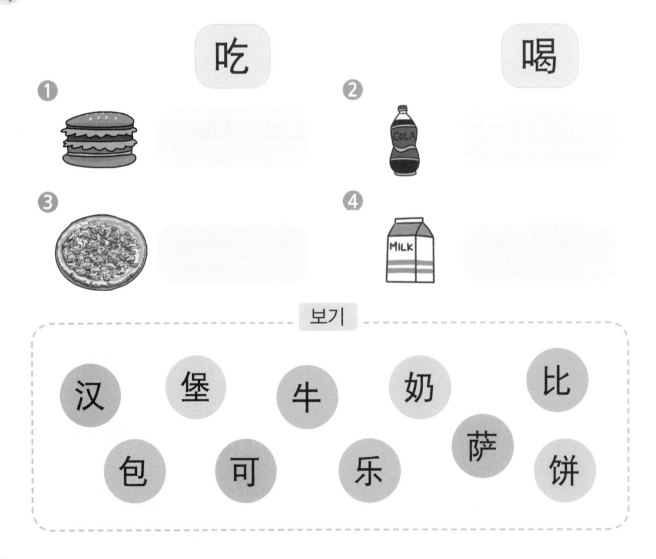

吃　　　喝

①

②

③

④

보기

汉　堡　牛　奶　比
包　可　乐　萨　饼

2과 你喜欢什么颜色？

Nǐ xǐhuan shénme yánsè? 너는 무슨 색 좋아해?

 획순을 따라 간체자와 병음을 예쁘게 써 보세요.

喜
xǐ
좋아하다
喜 기쁠 희

喜喜喜喜喜喜喜喜喜喜喜喜

欢
huān
기뻐하다
歡 기쁠 환

획순 欢欢欢欢欢欢

颜
yán
얼굴, 색깔
顔 낯 안

획순 颜颜颜颜颜颜颜颜颜颜颜颜颜颜颜

色
sè
색, 색깔
色 빛 색

획순 色色色色色色

획순 红 红 红 红 红 红

획순 蓝 蓝 蓝 蓝 蓝 蓝 蓝 蓝 蓝 蓝 蓝 蓝 蓝

 간체자로 중국어 단어를 쓰며, 큰 소리로 읽어 보세요.

🔊 음성을 들으며 따라 읽어 보세요.

喜欢

xǐhuan
좋아하다

颜色

yánsè
색깔

红色
hóngsè
빨간색

hóngsè

빨간색

蓝色
lánsè
파란색

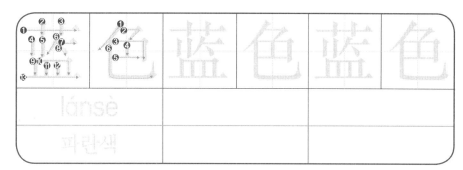

lánsè

파란색

白色
báisè
흰색

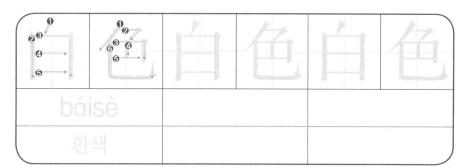

báisè

흰색

黑色
hēisè
검은색

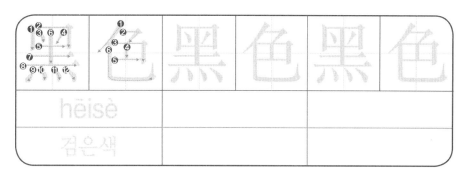

hēisè

검은색

黄色
huángsè
노란색

huángsè

노란색

绿色

lǜsè
초록색

绿色	色	绿色	绿色	绿色
lǜsè				
초록색				

也

yě
~도, ~역시

也	也	也			
yě					
~도					

좀 더 연습해보세요.

1 한자에 해당하는 병음을 퍼즐 속에 순서대로 써 보세요.

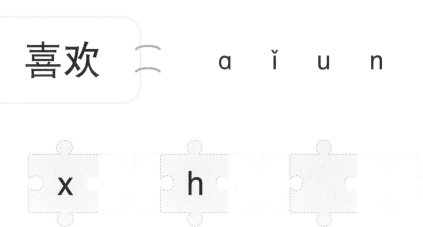

喜欢 ⸃ a ǐ u n

x h

2 한자에 해당하는 병음을 찾아 ○하고, 해당하는 색깔에 V표 하세요.

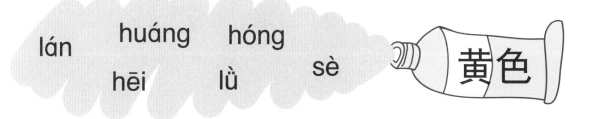

lán   huáng   hóng

hēi   lǜ   sè   黄色

      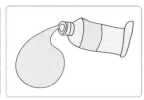   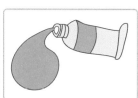

○   ○   ○   ○

3 병음에 맞는 한자를 보기에서 골라 완성해 보세요.

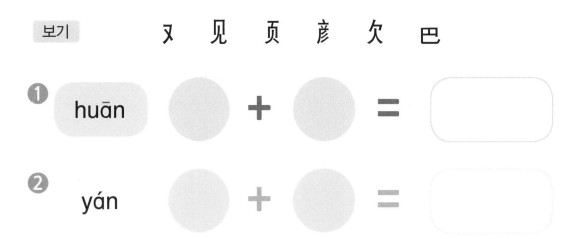

보기　　又　见　页　彦　欠　巴

① huān 　〇 ＋ 〇 ＝ ▢

② yán 　〇 ＋ 〇 ＝ ▢

4 사다리를 타고 가며 병음에 해당하는 한자를 보기에서 골라 써 보세요.

보기　　蓝　黑　绿　红

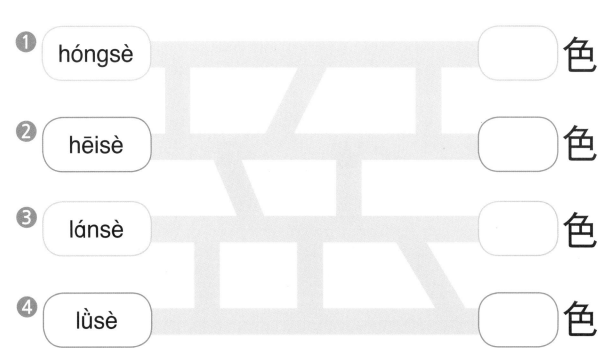

① hóngsè 　　　▢ 色

② hēisè 　　　▢ 色

③ lánsè 　　　▢ 色

④ lǜsè 　　　▢ 色

3과 我有铅笔。

Wǒ yǒu qiānbǐ. **나 연필 있어.**

 획순을 따라 간체자와 병음을 예쁘게 써 보세요.

有
yǒu
있다
有 있을 유

획순	有 有 有 有 有 有

铅
qiān
연필심, 납
鉛 납연

획순	铅 铅 铅 铅 铅 铅 铅 铅 铅

笔
bǐ
펜, 필기 도구
筆 붓필

획순	笔 笔 笔 笔 笔 笔 笔 笔 笔 笔

没
méi
없다
沒 빠질 몰

획순	没 没 没 没 没 没 没

橡

xiàng
상수리나무, 고무나무

橡　상수리나무 상

획순　橡 橡 橡 橡 橡 橡 橡 橡 橡 橡 橡 橡 橡 橡 橡

橡　橡
xiàng　xiàng

皮

pí
피부, 고무, 가죽

皮　가죽 피

획순　皮 皮 皮 皮 皮

皮　皮
pí　pí

 간체자로 중국어 단어를 쓰며, 큰 소리로 읽어 보세요.

🗨 음성을 들으며 따라 읽어 보세요.

没有

méiyǒu
없다

没 有 没 有 没 有
méiyǒu
없다

铅笔

qiānbǐ
연필

铅 笔 铅 笔 铅 笔
qiānbǐ
연필

橡皮

xiàngpí

지우개

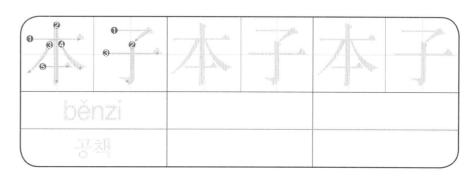

橡	皮	橡	皮	橡	皮
xiàngpí					
지우개					

剪刀

jiǎndāo

가위

剪	刀	剪	刀	剪	刀
jiǎndāo					
가위					

本子

běnzi

공책

本	子	本	子	本	子
běnzi					
공책					

尺子

chǐzi

자

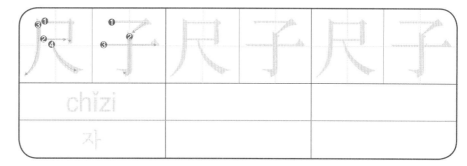

尺	子	尺	子	尺	子
chǐzi					
자					

좀 더 연습해보세요.

 아래 미로를 통과한 후, 그림에 해당하는 한자를 써 보세요.

①

②

③

④

◯학년 ◯반 이름 [ ]

1 한자에 알맞은 병음을 찾아 ◯표 하세요.

❶
没 —— méi
   —— měi

❷
有 —— yóu
   —— yǒu

2 그림에 해당하는 병음을 찾아 ◯표 하세요.

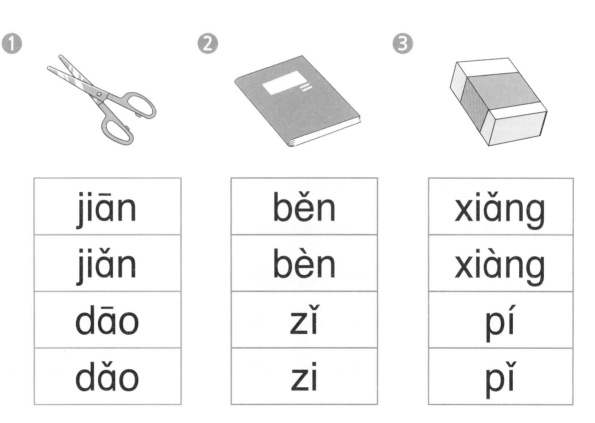

❶

| jiān |
| jiǎn |
| dāo |
| dǎo |

❷

| běn |
| bèn |
| zǐ |
| zi |

❸

| xiǎng |
| xiàng |
| pí |
| pǐ |

3 병음을 보고 한자의 비어 있는 부분을 채워 한자를 완성해 보세요.

① 右 yǒu

② 毛 bǐ

③ 殳 méi

④ 前 jiǎn

4 병음을 조합하여 만들어지는 단어를 한자로 써 보세요.

① ch + ǐ + z + i =

② b + ě + n + z + i =

③ q + i + ā + n + b + ǐ =

④ x + i + à + n + g + p + í
　　　　　　　　　　　　=

这是谁的?

Zhè shì shéi de? 이건 누구 거니?

 획순을 따라 간체자와 병음을 예쁘게 써 보세요.

这 zhè 이, 이것 這 이 저	**획순** 这 这 这 这 这 这 这 这 / 这 zhè / zhè
谁 shéi 누구 誰 누구 수	**획순** 谁 谁 谁 谁 谁 谁 谁 谁 谁 谁 谁 / 谁 shéi / shéi
的 de ~의 것, ~의 的 과녁 적	**획순** 的 的 的 的 的 的 的 的 的 / 的 de / de
那 nà 그, 그것, 저, 저것 那 어찌 나 어조사 내	**획순** 那 那 那 那 那 那 那 / 那 nà / nà

간체자로 중국어 단어를 쓰며, 큰 소리로 읽어 보세요.

🔊 음성을 들으며 따라 읽어 보세요.

谁的
shéi de
누구의 것, 누구의

谁 的	谁 的	谁 的
shéi de		
누구의 것		

他
tā
그

他 他 他			
tā			
그			

她
tā
그녀

她 她 她			
tā			
그녀			

좀 더 연습해보세요.

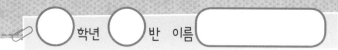

1 한자에 알맞은 병음을 찾아 ○표 하세요.

❶ 这 zhé zhè

❷ 她 tā tǎ

2 한자에 해당하는 병음을 보기에서 골라 문장을 완성해 보세요.

보기   de   tā   zhè   nà   shéi

❶
| | shì | | | ? |

这 　 是 　 谁 　 的 　 ?

❷
| Bú | shì | , | | shì | | | . |

不 　 是 　 , 　 那 　 是 　 他 　 的 　 。

3 병음에 맞는 한자를 보기에서 골라 완성해 보세요.

보기   女   文   讠   也   辶   隹

1 shéi   ◯   **+**   ◯   **=**   ▭

2 tā   ◯   **+**   ◯   **=**   ▭

3 zhè   ◯   **+**   ◯   **=**   ▭

4 그림을 보고, 빈칸에 알맞은 한자를 써서 대화를 완성해 보세요.

1

A: 这是你_____(de)吗?
이거 네 것이니?

B: 这_____(bú shì)我的。
이건 내 것이 아니야.

2

A: 那是_____(shéi)的?
저건 누구 거니?

B: 那是_____(tā)的。
저건 쟤(대한) 거야.

5과 문장 복습

 문장들을 따라 쓰고, 큰 소리로 읽어 보세요. 🔊 음성을 들으며 따라 읽어 보세요.

너는 뭐 먹니?

你	吃	什	么	？			
Nǐ	chī	shénme		？			

나는 햄버거 먹어.

我	吃	汉	堡	包	。		
Wǒ	chī	hànbǎobāo			。		

너는 무슨 색을 좋아하니?

你	喜	欢	什	么	颜	色	？
Nǐ	xǐhuan		shénme		yánsè		？

나는 빨간색을 좋아해.

我	喜	欢	红	色	。		
Wǒ	xǐhuan		hóngsè		。		

너 연필 있니?

你	有	铅	笔	吗	？		
Nǐ	yǒu	qiānbǐ		ma	？		

나 연필 있어.

我	有	铅	笔	。			
Wǒ	yǒu	qiānbǐ		.			

나 지우개 없어.

我	没	有	橡	皮	。		
Wǒ	méiyǒu		xiàngpí		.		

이건 누구 거니?

这	是	谁	的	？		
Zhè	shì	shéi	de	？		

이건 내 거야.

这	是	我	的	。		
Zhè	shì	wǒ	de	.		

6과

今天几月几号?

Jīntiān jǐ yuè jǐ hào? **오늘은 몇 월 며칠이야?**

 획순을 따라 간체자와 병음을 예쁘게 써 보세요.

今
jīn
현재, 지금
今 이제 금

획순　今 今 今 今

jīn　jīn

天
tiān
하늘, 날, 일
天 하늘 천

획순　天 天 天 天

tiān　tiān

几
jǐ
몇
幾 몇 기

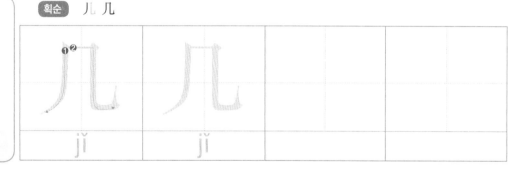

획순　几 几

jǐ　jǐ

月
yuè
월
月 달 월

획순　月 月 月 月

yuè　yuè

획순 号 号 号 号 号

号
hào
일
號 이름 호
부를짖을 호

획순 星 星 星 星 星 星 星 星 星

星
xīng
별
星 별 성

획순 期 期 期 期 期 期 期 期 期 期 期 期

期
qī
시기, 기한, 바라다
期 기약할 기

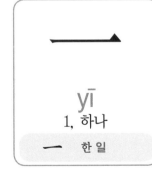

획순 一

一
yī
1, 하나
一 한 일

 간체자로 중국어 단어를 쓰며, 큰 소리로 읽어 보세요.

🗨 음성을 들으며 따라 읽어 보세요.

今天
jīntiān
오늘

今	天	今	天	今	天
jīntiān					
오늘					

星期几
xīngqī jǐ
무슨 요일

星	期	几	星	期	几
xīngqī jǐ					
무슨 요일					

星期一
xīngqīyī
월요일

星	期	一	星	期	一
xīngqīyī					
월요일					

星期二
xīngqī'èr
화요일

星	期	二	星	期	二
xīngqī'èr					
화요일					

星期三
xīngqīsān
수요일

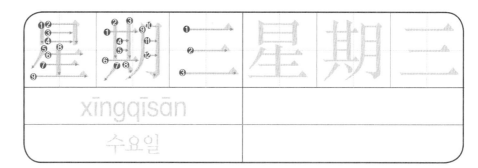

xīngqīsān

수요일

星期四
xīngqīsì
목요일

xīngqīsì

목요일

星期五
xīngqīwǔ
금요일

xīngqīwǔ

금요일

星期六
xīngqīliù
토요일

xīngqīliù

토요일

星期天
xīngqītiān
일요일

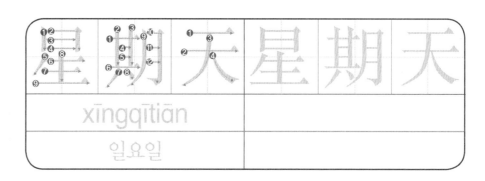

xīngqītiān

일요일

明天

míngtiān
내일

明	天	明	天	明	天
míngtiān					
내일					

昨天

zuótiān
어제

昨	天	昨	天	昨	天
zuótiān					
어제					

좀 더 연습해보세요.

빈칸에 각 요일의 한자를 채워 쓰고, 아래 표에서 해당 한자들을 찾아 색칠해서 숨겨진 한자를 맞춰 보세요.

1 월요일

星期 ⬜

2 화요일

星期 ⬜

3 수요일

星期 ⬜

4 목요일

星期 ⬜

5 금요일

星期 ⬜

6 토요일

星期 ⬜

天	十	一	五	三	四	五	六	八	七
八	七	五	三	天	九	二	三	九	天
九	天	三	一	四	一	六	一	十	九
十	天	八	九	七	十	天	九	十	八
二	四	一	六	二	三	五	一	四	二
天	七	九	十	八	六	七	八	八	九
九	十	九	天	三	八	十	七	天	十
七	七	一	五	二	六	一	三	八	九
八	天	十	七	天	九	天	六	九	七
七	十	天	九	十	八	四	二	天	七

34

1 한자에 알맞은 병음을 찾아 ◯표 하고, 빈칸에 써 보세요.

❶ 月   w   y   u   è

❷ 号   à   t   o   h

2 그림을 보고, 빈칸에 알맞은 병음을 써서 대화를 완성해 보세요.

❶

A: Jīntiān ＿＿＿ yuè ＿＿＿ hào?
오늘 몇 월 며칠이야?

B: ＿＿＿ yuè ＿＿＿ hào.
5월 5일이야.

❷

A: Jīntiān xīngqī ＿＿＿?
오늘 무슨 요일이야?

B: Jīntiān xīngqī'＿＿＿.
오늘은 화요일이야.

3 병음을 보고 한자의 비어 있는 부분을 채워 한자를 완성해 보세요.

① 生 xīng

② 其 qī

③ 亏 hào

④ 月 míng

4 그림을 보고, 빈칸에 알맞은 한자를 보기에서 골라 쓰세요.

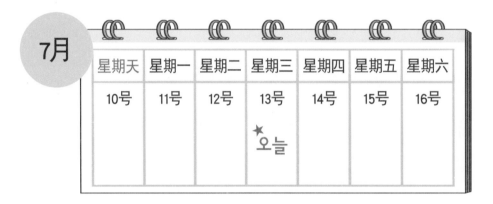

7月

星期天	星期一	星期二	星期三	星期四	星期五	星期六
10号	11号	12号	13号 ★오늘	14号	15号	16号

보기   昨天   今天   明天

① [   ] 七月十三号。

② [   ] 七月十二号。

③ [   ] 七月十四号。

7과

现在几点?
Xiànzài jǐ diǎn? 지금 몇 시야?

 획순을 따라 간체자와 병음을 예쁘게 써 보세요.

现	
xiàn	
현재, 지금, 나타나다	
現 나타날 현	

획순 现 现 现 现 现 现 现 现

在	
zài	
~에 있다, ~하고 있다	
在 있을 재	

획순 在 在 在 在 在 在

点	
diǎn	
시	
點 점 점	

획순 点 点 点 点 点 点 点 点 点

两	
liǎng	
둘	
兩 두 량(양)	

획순 两 两 两 两 两 两 两

간체자로 중국어 단어를 쓰며, 큰 소리로 읽어 보세요.

● 음성을 들으며 따라 읽어 보세요.

现在
xiànzài
현재, 지금

现	在	现	在	现	在
xiànzài					
현재, 지금					

半
bàn
반, 30분

半	半	半			
bàn					
반, 30분					

分
fēn
분

分	分	分			
fēn					
분					

좀 더 연습해보세요.

1 한자에 해당하는 병음을 퍼즐 속에 순서대로 써 보세요.

❶

❷

现 ⌒ à n x

分 ⌒ ē f

i

n

2 시계를 보고 해당하는 병음을 보기에서 골라 써 보세요.

보기   àn   iăn   iăng

❶

两点

l____d____

❷

五点半

wǔ d____ b____

③ 제시된 한자를 조합하여 완성된 한자를 써 보세요.

❶ 王 ＋ 见 ＝ [　　　]

❷ 占 ＋ 灬 ＝ [　　　]

❸ 八 ＋ 刀 ＝ [　　　]

④ 풍선 속의 사라진 한자를 써서 완성된 문장을 읽어 보세요.

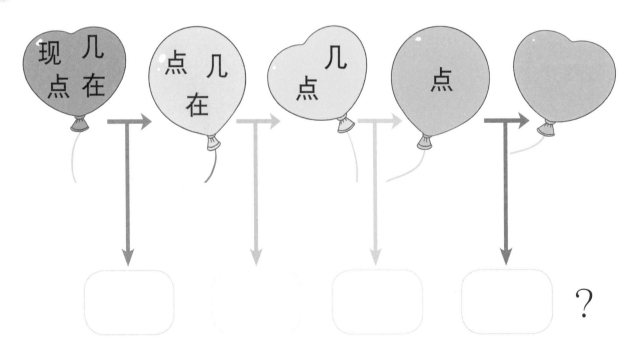

8과 妈妈在哪儿?

Māma zài nǎr? 엄마 어디 계시니?

 획순을 따라 간체자와 병음을 예쁘게 써 보세요.

厨
chú
주방, 부엌
廚 부엌 주

획순 厨 厨 厨 厨 厨 厨 厨 厨 厨 厨 厨 厨

房
fáng
방, 집
房 방 방

획순 房 房 房 房 房 房 房 房

书
shū
책
書 책 서

획순 乛 书 书 书

좀 더 연습해보세요.

간체자로 중국어 단어를 쓰며, 큰 소리로 읽어 보세요.

● 음성을 들으며 따라 읽어 보세요.

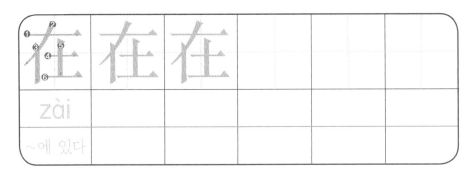

在
zài
~에 있다

在	在	在			
zài					
~에 있다					

厨房
chúfáng
부엌, 주방

厨房	厨房	厨房	厨房
chúfáng			
부엌, 주방			

书房
shūfáng
서재

书房	书房	书房
shūfáng		
서재		

洗手间
xǐshǒujiān
화장실

洗手间	洗手间
xǐshǒujiān	
화장실	

客厅
kètīng
거실

客厅	客厅	客厅
kètīng		
거실		

阳台
yángtái
베란다

阳台	阳台	阳台
yángtái		
베란다		

她们
tāmen
그녀들

她们	她们	她们
tāmen		
그녀들		

좀 더 연습해보세요.

활동 잼잼!!

그림에 알맞은 병음을 찾아 숫자를 순서대로 적으면 금고의 암호를 풀 수 있어요.
(모든 그림을 한 번씩 꼭 지나가야 함)

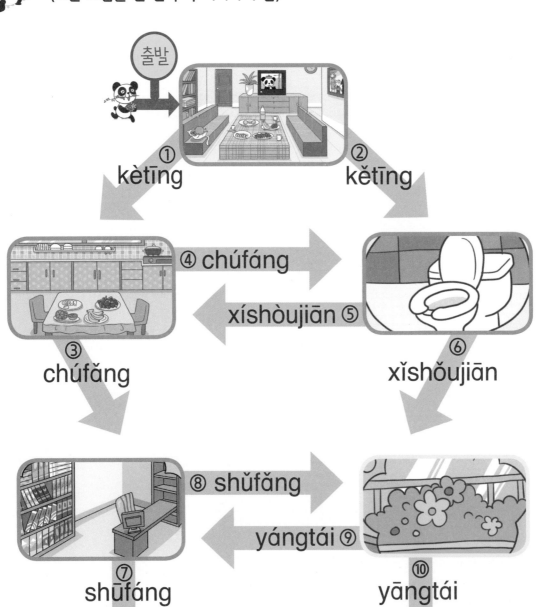

출발

① kètīng   ② kětīng

④ chúfáng

xíshòujiān ⑤

③ chúfǎng   ⑥ xǐshǒujiān

⑧ shǔfǎng

yángtái ⑨

⑦ shūfáng   ⑩ yāngtái

암호 ★★★★★

1 한자에 알맞은 병음을 찾아 ◯표 하고, 빈칸에 써 보세요.

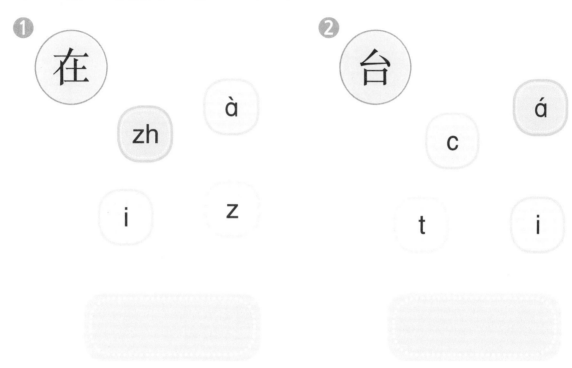

① 在   à   zh   i   z

② 台   á   c   t   i

2 그림에 알맞은 단어의 병음이 되도록 순서대로 색칠한 후, 성조를 넣어 아래 써 보세요.

예시   화장실

| x | e | i | s | h | o | u | j | i | a | n |

xǐshǒujiān

① 거실

| t | k | a | e | g | t | o | i | n | g | r |

② 주방

| c | h | e | a | u | j | f | a | n | g | a |

③ 병음을 보고 한자의 비어 있는 부분을 채워 한자를 완성해 보세요.

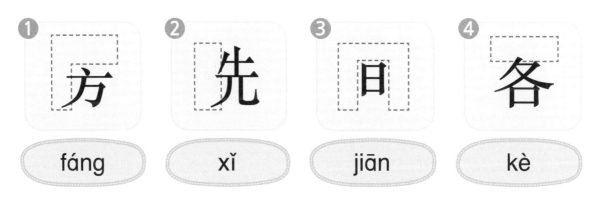

| ① 方 | ② 先 | ③ 日 | ④ 各 |
| fáng | xǐ | jiān | kè |

④ 각 장소 사탕 주머니에 들어갈 한자를 한자 사탕 머신에서 골라 써 보세요.

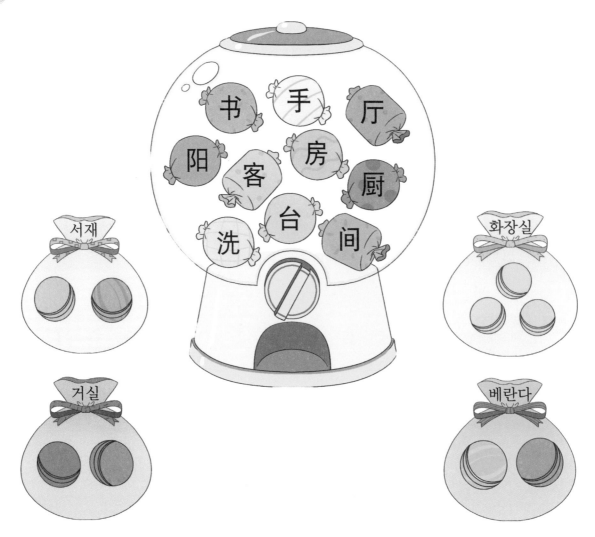

9과

我会游泳。

Wǒ huì yóuyǒng. 나는 수영할 줄 알아.

 획순을 따라 간체자와 병음을 예쁘게 써 보세요.

会
huì
~할 줄 안다
會 모일 회

획순: 会 会 会 会 会 会

huì　huì

游
yóu
헤엄치다
游 헤엄칠 유

획순: 游 游 游 游 游 游 游 游 游 游 游

yóu　yóu

泳
yǒng
수영하다
泳 헤엄칠 영

획순: 泳 泳 泳 泳 泳 泳 泳 泳

yǒng　yǒng

不
bù
부정을 나타냄
不 아닐 부/불

획순: 不 不 不 不

bù　bù

9과 나는 수영할 줄 알아. 47

간체자로 중국어 단어를 쓰며, 큰 소리로 읽어 보세요.

🗨 음성을 들으며 따라 읽어 보세요.

不会
bú huì
~할 줄 모른다, 못 한다

不会	不会	不会
bú huì		
~할 줄 모른다		

游泳
yóuyǒng
수영하다

游泳	游泳	游泳
yóuyǒng		
수영하다		

滑冰
huábīng
스케이팅, 스케이트를 타다

滑冰	滑冰	滑冰
huábīng		
스케이팅		

滑雪
huáxuě
스키, 스키를 타다

滑雪	滑雪	滑雪
huáxuě		
스키		

打
dǎ
(~운동을) 하다, 치다

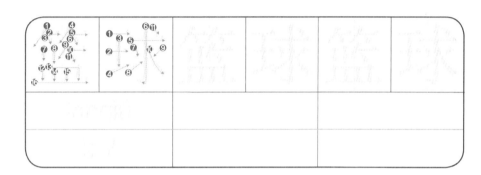

篮球
lánqiú
농구

棒球
bàngqiú
야구

 한자 옆에 병음을 쓰고, 위의 그림에서 해당 운동을 찾아 번호를 쓰세요.
다섯 가지 운동의 숫자를 더한 값이 얼마인지도 적어 보세요.

예
游泳 yóuyǒng ①

滑冰 (　　　) ◯   滑雪 (　　　) ◯

篮球 (　　　) ◯   棒球 (　　　) ◯

♣ 5가지 운동 숫자를 더한 값은? [　　　]

1 빈칸에 들어갈 병음을 보기에서 찾아 한자에 알맞는 병음으로 완성하세요.

보기　　ì　ú　u　á　n　i

❶
不会

b___ h___

❷
篮球

l___ q___

2 다음 암호 순서대로 빈칸에 넣어 한자의 병음을 완성해 보세요.

♥	★	♠	♯	&	◆	♣	@
á	g	ǎ	ǒ	ó	ě	u	n

예　打　　d_ǎ___

❶　游泳　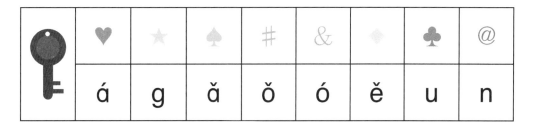　y___ y___

❷　滑雪　　h___ x___

3 한자들의 빠진 부분에 공통으로 들어가는 부수를 가운데 쓰고, 한자도 완성해서 써 보세요.

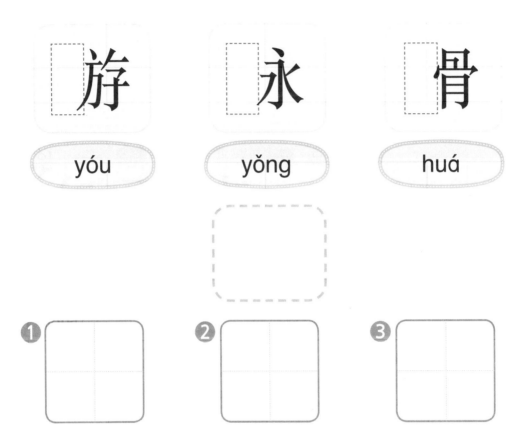

◯ 斿

yóu

◯ 永

yǒng

◯ 骨

huá

❶

❷

❸

4 빈칸에 공통으로 들어갈 한자를 써 보세요.

❶

籃
棒	?

? =

❷

?	冰
雪	

? =

10과 문장 복습

 문장들을 따라 쓰고, 큰 소리로 읽어 보세요. ● 음성을 들으며 따라 읽어 보세요.

오늘 몇 월 며칠이야?

今	天	几	月	几	号	?	
Jīntiān		jǐ	yuè	jǐ	hào	?	

오늘은 5월 5일이야.

今	天	五	月	五	号	。	
Jīntiān		wǔ	yuè	wǔ	hào	.	

오늘 무슨 요일이야?

今	天	星	期	几	?		
Jīntiān		xīngqī jǐ			?		

오늘은 월요일이야.

今	天	星	期	一	。		
Jīntiān		xīngqīyī			.		

지금 몇 시야?

现	在	几	点	？			
Xiànzài		jǐ	diǎn	？			

지금 2시야.

现	在	两	点	。			
Xiànzài		liǎng	diǎn	.			

엄마 어디 계시니?

妈	妈	在	哪	儿	？		
Māma		zài		nǎr	？		

부엌에 계셔.

她	在	厨	房	。			
Tā	zài	chúfáng		.			

너는 수영할 줄 아니?

你	会	游	泳	吗	？		
Nǐ	huì	yóuyǒng		ma	？		

정답

20p

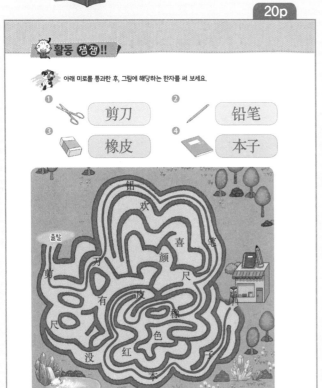

활동 잼잼!!

아래 미로를 통과한 후, 그림에 해당하는 한자를 써 보세요.

① 剪刀
② 铅笔
③ 橡皮
④ 本子

34p

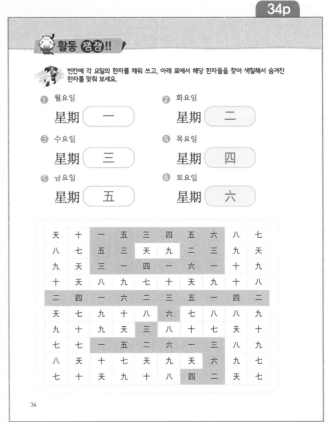

활동 잼잼!!

빈칸에 각 요일의 한자를 채워 쓰고, 아래 표에서 해당 한자들을 찾아 색칠해서 숨겨진 한자를 맞춰 보세요.

① 월요일 星期 一
② 화요일 星期 二
③ 수요일 星期 三
④ 목요일 星期 四
⑤ 금요일 星期 五
⑥ 토요일 星期 六

天	十	一	五	三	四	五	六	八	七
八	七	五	三	天	九	二	三	九	天
九	天	三	一	四	一	六	十	十	九
十	天	八	九	七	十	天	九	十	八
二	四	一	六	二	三	五	一	四	二
天	七	九	十	八	六	七	八	九	九
九	十	九	天	三	八	十	七	十	九
七	七	一	五	二	六	一	二	八	九
八	天	十	七	天	九	天	六	九	七
七	十	天	九	十	八	四	二	天	七

44p

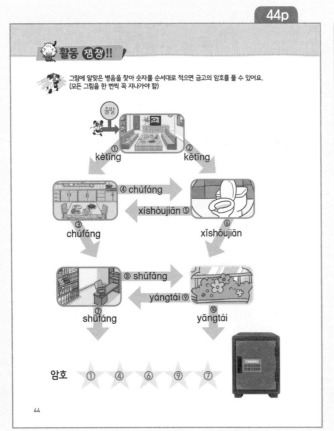

활동 잼잼!!

그림에 알맞은 병음을 찾아 숫자를 순서대로 적으면 금고의 암호를 풀 수 있어요.
(모든 그림을 한 번씩 꼭 지나가야 함)

① kètīng ② kètīng
④ chúfáng
xǐshòujiān ⑤
③ chúfáng ⑥ xǐshòujiān
⑧ shūfáng
yángtái ⑨
⑦ shūfáng ⑩ yángtái

암호 ① ④ ⑥ ⑨ ⑦

50p

활동 잼잼!!

한자 옆에 병음을 쓰고, 위의 그림에서 해당 운동을 찾아 번호를 쓰세요.
다섯 가지 운동의 숫자를 더한 값이 얼마인지도 적어 보세요.

예 游泳 yóuyǒng ①

滑冰 huábīng ⑥
滑雪 huáxuě ③
篮球 lánqiú ④
棒球 bàngqiú ⑧

♣ 5가지 운동 숫자를 더한 값은? 22

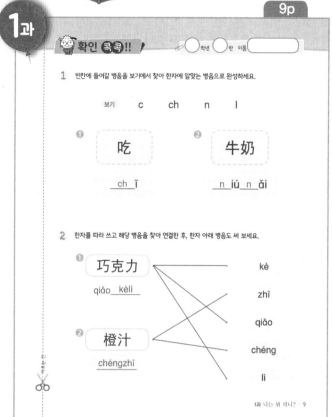

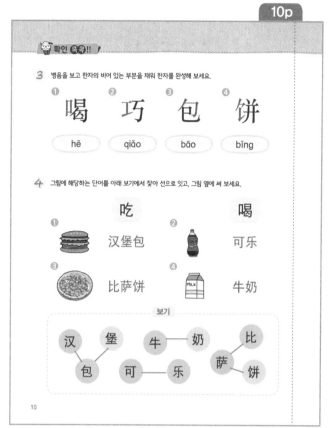

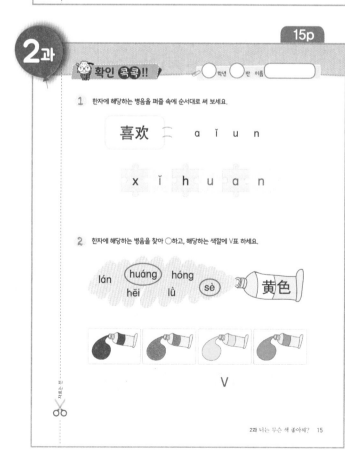

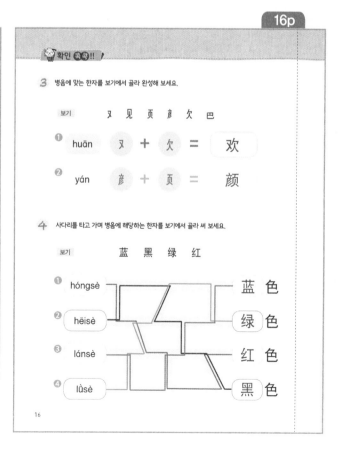

정답

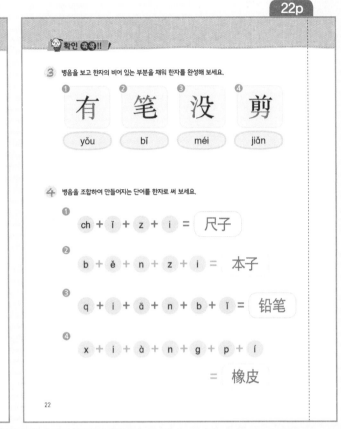

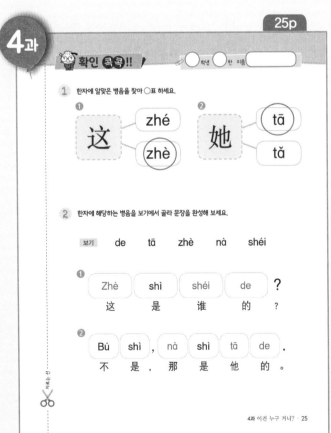

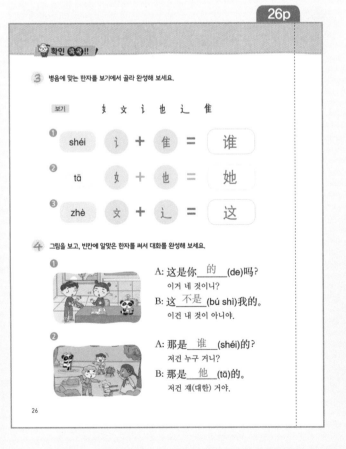

정답

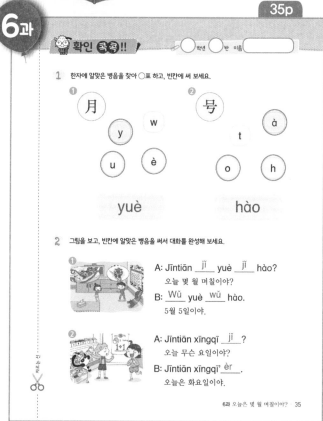

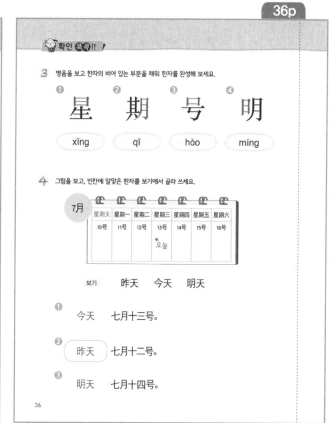

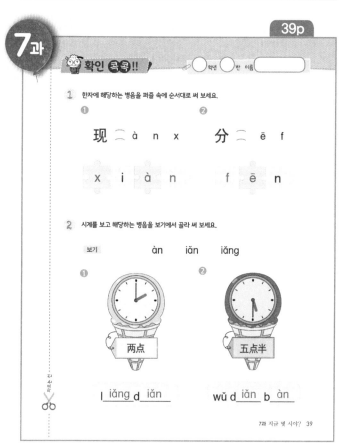

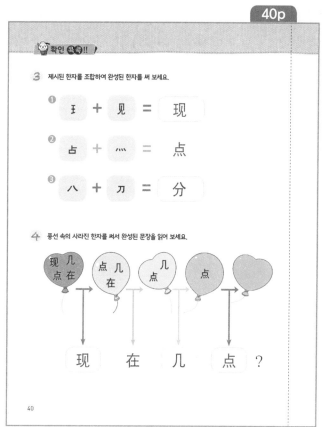

정답

8과

학년   반   이름

1 한자에 알맞은 병음을 찾아 ○표 하고, 빈칸에 써 보세요.

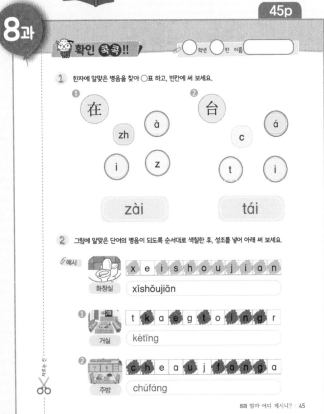

zài   tái

2 그림에 알맞은 단어의 병음이 되도록 순서대로 색칠한 후, 성조를 넣어 아래 써 보세요.

예시 x e i s h o u j i a n
화장실 xǐshǒujiān

① t k a e g t o i n g r
거실 kètīng

② c h e a u j f a n g a
주방 chúfáng

8과 엄마 어디 계시니? · 45

확인 콕콕!!

3 병음을 보고 한자의 비어 있는 부분을 채워 한자를 완성해 보세요.

① 房   ② 洗   ③ 间   ④ 客
fáng   xǐ   jiān   kè

4 각 장소 사탕 주머니에 들어갈 한자를 한자 사탕 머신에서 골라 써 보세요.

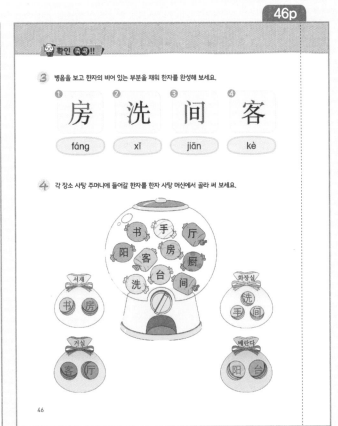

46

9과

확인 콕콕!!

학년   반   이름

1 빈칸에 들어갈 병음을 보기에서 찾아 한자에 알맞은 병음으로 완성하세요.

보기   ì   ú   u   á   n   i

① 不会   ② 篮球
b ú h uì   l án q iú

2 다음 암호 순서대로 빈칸에 넣어 한자의 병음을 완성해 보세요.

♥	★	♠	#	&	◆	♣	@
á	g	ǎ	ǒ	ó	ě	u	n

예 打 🔑 ♣ d ǎ
① 游泳 🔑 & ♣ # @ ★ y óu y ǒng
② 滑雪 🔑 ◆ ♥ ♣ h uá x uě

9과 나는 수영할 줄 알아. · 51

확인 콕콕!!

3 한자들의 빠진 부분에 공통으로 들어가는 부수를 가운데 쓰고, 한자도 완성해서 써 보세요.

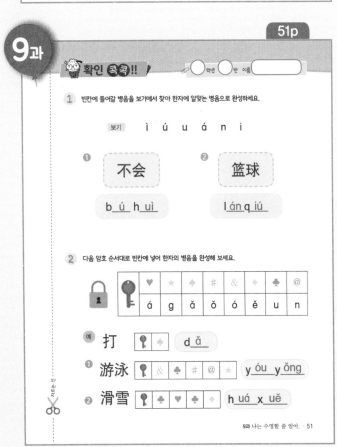

4 빈칸에 공통으로 들어갈 한자를 써 보세요.

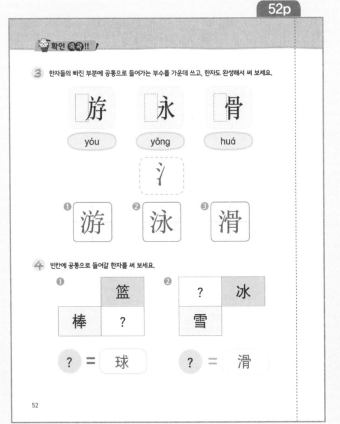

52

60

1과

吃	chī	먹다
汉堡包	hànbǎobāo	햄버거
喝	hē	마시다
可乐	kělè	콜라
比萨饼	bǐsàbǐng	피자
巧克力	qiǎokèlì	초콜릿
冰淇淋	bīngqílín	아이스크림
牛奶	niúnǎi	우유
橙汁	chéngzhī	오렌지 주스

2과

喜欢	xǐhuan	좋아하다
颜色	yánsè	색깔
红色	hóngsè	빨간색
蓝色	lánsè	파란색
白色	báisè	흰색
黑色	hēisè	검은색
黄色	huángsè	노란색
绿色	lǜsè	초록색
也	yě	~도, ~역시

3과

有	yǒu	있다
没有	méiyǒu	없다
铅笔	qiānbǐ	연필
橡皮	xiàngpí	지우개
剪刀	jiǎndāo	가위
本子	běnzi	공책
尺子	chǐzi	자

4과

这	zhè	이, 이것
谁的	shéi de	누구의 것, 누구의
的	de	~의 것, ~의
那	nà	그, 그것, 저, 저것
他	tā	그
她	tā	그녀

6과

今天	jīntiān	오늘
几	jǐ	몇
月	yuè	월
号	hào	일

星期几	xīngqī jǐ	무슨 요일
星期一	xīngqīyī	월요일
星期二	xīngqī'èr	화요일
星期三	xīngqīsān	수요일
星期四	xīngqīsì	목요일
星期五	xīngqīwǔ	금요일
星期六	xīngqīliù	토요일
星期天	xīngqītiān	일요일
明天	míngtiān	내일
昨天	zuótiān	어제

 7과

现在	xiànzài	현재, 지금
点	diǎn	시
两	liǎng	둘
半	bàn	반, 30분
分	fēn	분

8과

在	zài	~에 있다
厨房	chúfáng	부엌, 주방
书房	shūfáng	서재
洗手间	xǐshǒujiān	화장실

客厅	kètīng	거실
阳台	yángtái	베란다
她们	tāmen	그녀들

 9과

会	huì	~할 줄 안다
不会	bú huì	~할 줄 모른다, 못 한다
游泳	yóuyǒng	수영하다
滑冰	huábīng	스케이팅, 스케이트를 타다
滑雪	huáxuě	스키, 스키를 타다
打	dǎ	(~운동을) 하다, 치다
篮球	lánqiú	농구
棒球	bàngqiú	야구

병음 색인

64

MEMO

MEMO